어느 바위 동굴에서 모음을 익혔을까

시작시인선 0537 어느 바위 동굴에서 모음을 익혔을까

1판 1쇄 펴낸날 2025년 7월 7일
지은이 안현심
펴낸이 이재무
기획위원 김춘식, 유성호, 이형권, 임지연, 차성환, 홍용희
책임편집 이호석, 박현승
편집디자인 김지웅, 장수경
펴낸곳 (주)천년의시작
등록번호 제301-2012-033호
등록일자 2006년 1월 10일
주소 (03132) 서울시 종로구 삼일대로32길 36 운현신화타워 502호
전화 02-723-8668
팩스 02-723-8630
블로그 blog.naver.com/poemsijak
이메일 poemsijak@hanmail.net

ⓒ안현심, 2025, printed in Seoul, Korea

ISBN 978-89-6021-813-0 04810
　　　978-89-6021-069-1 04810(세트)

값 11,000원

*이 사업은 대전광역시, (재)대전문화재단에서 사업비 일부를 지원받았습니다.
*이 책 내용의 전부 또는 일부를 재사용하려면 반드시 저작권자와 (주)천년의시작 양측의 동의를 받아야 합니다.
*잘못된 책은 바꾸어 드립니다.
*지은이와 협의하에 인지는 생략합니다.

어느 바위 동굴에서 모음을 익혔을까

안현심

천년의 시작

시인의 말

자러 들어가자고 했더니
가지고 놀던 자동차를 나란히 눕혀놓는
두 돌배기 아기,

우리가 잘 때는
자동차도 자야 해요

사람과 사물이 동등하게 소통하는 세상,

꼭

너만큼만

생각하고 상상하며
시를 쓰고 싶다

2025년 7월

안현심 씀

차 례

시인의 말

제1부

이미지 —— 13
경원사 —— 14
지리산 노각나무 —— 15
아포카토 —— 16
비의 연주 —— 17
그 계집애 —— 18
부럽다 —— 19
올무 —— 20
별이 아니라서 —— 21
히말라야 사람들 —— 22
작달비 —— 23
사랑해 주세요 —— 24
꽃도 나무도 —— 25
날된장 —— 26
거미 사람 —— 27

제2부

때죽나무꽃 ——— 31

개미와 연필심 ——— 32

미어캣 ——— 33

사람의 길 ——— 34

자연 음악 ——— 35

백두산자작나무 ——— 36

향나무 도마 ——— 37

사막지기 ——— 38

홀씨 ——— 39

명자꽃 ——— 40

오목이 ——— 41

검독수리 ——— 42

민들레 ——— 43

나무 의자 ——— 44

무인도 ——— 45

제3부

도랑물 소리뿐 ——— 49
등신불 ——— 50
설해목 ——— 51
독감 ——— 52
빈곤 포르노 ——— 53
망이의 광장 ——— 54
엄마, 안녕 ——— 55
지구와 어른 ——— 56
김오랑처럼 ——— 57
견훤의 배롱나무 ——— 58
증언 ——— 59
연해주 연어 ——— 60
비목(碑木) ——— 61
실루엣 ——— 62
굴밤나무 ——— 63

제4부

새벽 술 ── 67
바랑산 나비 ── 68
서훈정을 추모하며 ── 70
방랑 식객 임지호 ── 71
그날 ── 72
핏줄 ── 74
옥산댁 ── 75
비틀비틀 ── 76
메락 마을 ── 77
사춘기 ── 78
전이(轉移) ── 79
젖퉁이의 상징학 ── 80
헤파이스토스 ── 81
성당을 지나며 ── 82
봄이가 갔다 ── 83

제5부

소나무에 기대어 ────── 87
시킴왕국 ────── 88
월동대파 ────── 89
사랑의 방식 ────── 90
백록담 ────── 91
심판 없는 짓 ────── 92
실러캔스 ────── 93
칠칠과 팔팔 ────── 94
연민하는 귀 ────── 95
마추픽추에서 ────── 96
배고픈 찰떡이 ────── 97
그들의 전설 ────── 98
여전히 ────── 99
그 광장 ────── 100
누구도 ────── 101
호박처럼 ────── 102
오래오래 ────── 103

해 설

오홍진 아픈 말로 들려주는 사랑의 시학 ────── 104

제1부

이미지

손바닥을 펴면
흰나비 떼가 날아들었지

꽃잎을 먹듯
소녀는 나비를 한 잎 한 잎 집어 먹었는데
입술과 나비가 포개질 때마다
팬지 꽃향기가 나풀거렸지

소녀와 나비,

이미지에 홀려 다가서면
화들짝 놀라 사라져 버리는 그림

닿지 못할 사람을 그리워하는 신앙처럼

늘 그만큼의 창을 통해
바라보기만 했지

경원사

부처님 오신 날
한 말씀 들으러 찾아갔더니
효림스님 목소리는 들리지 않고
백일홍 나무 속에서
새들의 독경 소리만 반짝거렸다

가난한 산자락에
연등 몇 개 흔들릴 뿐

돌층계 밑 씀바귀가
노랗게 등불 켜고 있었다

연등이 많을수록 캄캄해진다는 말씀,

돌아 나오는 어깻죽지에
죽비로 내렸다

지리산 노각나무

비탈을 오르내리던
산사람의 손잡이가 되어주다가
손아귀에 데어 벗겨진 살갗

상처 드러낸 채 눈바람 속에 서 있지만,

손가락 공이로
가슴팍을 한번 두드려보세요

도끼날마저 튕겨 나갈 듯
탱글탱글한 북소리 들리지 않는가요?

이념의 소용돌이를 딛고 일어선

육자배기 가락,
출렁거리지 않는가요?

아포카토

에스프레소에 빠져든
빙하

뜨거운 가슴으로 아이스크림이 녹아들 때

빙점인 듯
이슬 한 방울, 장력을 모았다

달콤하고도 씁쌀하고
뜨겁다가도 싸늘히 앵돌아지는

어린 애인의
눈물처럼

비의 연주

바이올린이 맥없이 징징거리거나
첼로가 망아지처럼 뛰어다니면
단 한 번의 포효로
긴장을 끌어당기는 팀파니 소리

초원을 자유로이 달리게 하다가도
강어귀에선 고삐를 잡아채는 손목이 있어
비의 연주는 다채롭기만 한데

오월 새벽,

잠 머리로 찾아와
보챈다

맨발이어도 좋아요
함께 걸어요

그 계집애

꽁꽁 얼어붙은
알타이산맥 독수리 계곡,

어느 바위 동굴에서
모음을 익히고 사슴을 쫓았을까

맨발의 계집애를 찾아 골짜기를 헤맬 때

나는
알고 있지,

바위산 꼭대기에서
산양이 내려다보고 있었다

부럽다

암게가 양손으로 개흙을 파먹을 때
수게는 포클레인 같은 오른손을 모셔둔 채
왼손만으로 먹이를 집어 먹었다

집게 손은
신혼방을 지키기 위한
무기일 뿐,

집 단장을 마친 수컷이
집게 손을 치켜들고 구애하는 동안
암컷은 다른 집을 들락거리며
더 나은 신랑감을 물색했다

입술을 빨갛게 칠하지 않고
손톱에 매니큐어를 바르지 않고도
선택권을 가진 그녀

참, 부럽다

올무

순록을 끌어오고
풀밭을 손아귀에 움켜쥐면서
올무는 든든한 도구이자 장식품이 되어갔다

별을 볼 때도
우유니 사막을 달릴 때도
올무는 영락없이 물 냄새를 찾아
추를 내렸다

올무 하나 지니고
거침없이 달려온 야생의 땅,

달빛 아래서 힘껏 던져본다

내 올무는
아직 튼실하다

별이 아니라서

고비사막 하늘에
총총히 빛나는 별을 올려다보며
사랑도 변함없이 반짝이리라 믿어 의심치 않았다

우리는 별이 아니라서
느슨해졌을까

상심한 대지가 흐느끼는 소리,

새도 냇물도 들판도
상냥한 노래를 잃어버렸는데

다시 일어나

너를
연민할 수 있을까

히말라야 사람들

빳빳한 빵과
수유차 한 잔이면 족한 사람들
등짐 진 아낙과 늙은 목동, 땟국 흐르는 아이가
야크와 말과 함께 건초 더미에서 뒹굴고
나귀는
겨운 짐을 지고도
대가리 끄덕끄덕, 설산을 오르내렸다

사람과 짐승의 경계가
허물어진 비탈

더 높이 오르면 하늘 소리 들릴까

구름 위로 올라가
신이 되었다

작달비

어두컴컴한
나무와
새

아프단 말을 외우기도 전에
울멍울멍 목울대 밀어 올리더니

바윗덩이 굴리며 허물어지는 계곡

뜨거운 목숨 하나 지니고 살다가
울음보 풀어헤친 그녀,

울배기가
운다

사랑해 주세요

통닭과 피자를 시켜달라고
가난한 어미를 조르고 졸랐다
가슴과 배, 엉덩이가 동산만큼 부풀어 올라
일어서기도 어렵고 걷기도 힘들지만
시장 나들이는 앞장서 갔다

오빠, 애인 있어요?
데이트하고 싶은데
드라이브 시켜줄 수 있어요?

남자만 눈에 띄면 사랑을 구걸하는
다섯 살 어른아이

누가 잡아줄까

저,
아픈 손

꽃도 나무도

당뇨를 앓던 그는
의사의 처방 없이 약을 먹으면 안 되었다
말술을 끊고 담배도 끊었지만
불면을 견딜 수 없어 수면제를 늘여갔다

깨어나지 못하더라도
하는 수 없지

컴컴한 동굴에서 비척거릴 바에는
죽는 게 낫지

그가 우울을 베고 잠든 건
봄비 들이치는 아침

꽃도 나무도
싱그러웠다

날된장

입맛이 궁지에 몰릴 때면
찬밥에 물 말아 매운 고추를 찍어 먹는다

날된장에 찍어 먹는
얼얼하고도 달짝지근한 맛

날것과 날것이 힘을 합쳐
죽은 혓바닥에 피를 돌게 한다

거짓에 지친
혀,

맨얼굴이
그립다

거미 사람

계곡에 줄 걸어
현수교를 짓는 사람들

허리에 매단 줄은
젖살 오른 아기와 아내의 생명줄

눈바람 몰아치는 공중에 매달려
곱은 손가락으로 나사를 죄는 것은
다리를 오가며
환호하는 얼굴을 보고 싶기 때문

오늘도
허공을 잇는다,

새벽을 깨운
거미

제2부

때죽나무꽃

가늘게 늘어뜨린 꽃자루마다
눈종(snowbell)이 주렁주렁 한꺼번에 울면

들리지, 겨울왕국에서 날아오는
엘사의 노랫소리

눈부시게 밀려드는 마법에 취해
아아, 오오, 아가의 첫 모음만 달싹이다가

끝내
뱉어내지 못한 말,

하얀 종 아래서
엎드려 울었지

개미와 연필심

산개미 떼가
솔가리 숲길을 줄지어 기어간다

나뒹구는 놈 하나 없이
부지런히 기는 머리카락 같은 다리

장대비 쏟아질 거라고
물이 차오르기 전에 노아의 방주를 찾아야 한다고
격려하고 부추기며 발발발 기어간다

포탄이 날아드는 고향 집을 버리고
세간살이 이고 진 흰옷의 행렬,

그들이 그려 놓은 하얀 길 위에

산개미 떼가
연필심을 긋는다

미어캣

딸이 사생아를 출산하자
어미는 외손자를 잡아먹어 버렸어요
딸은 어미가 낳은 동생에게 젖을 주기로 하고
간신히 살아남았지만요

우두머리만이 출산하여 가족 수를 늘여갈 뿐
다른 암컷이 잉태하면
밥을 주지 않거나 생식기를 물어뜯어
추방해 버리곤 했죠

칼라하리사막에서의
생존 전략,

종족을 보존하기 위한
비책이라죠?

사람의 길

문구멍으로
책상머리를 감시하는 아버지

압박감을 견디다 못해 앓아눕자
갑사로 요양을 보냈는데
방학이 끝나기도 전에 머리칼을 밀었지요

가난한 처녀에게
시주함을 통째로 내어주기도 하면서
비틀비틀 걸어온 비구의 길

금강문 앞에서
블라우스 속 꽃망울이 어른거리면

오래오래 연민했지요,
흔들리는 목숨

자연 음악

대숲에 이는 바람 소리, 처마 끝을 구르는 낙숫물 소리, 몽돌해변을 끌었다가 풀어놓는 파도 소리, 가지런히 무김치를 써는 어금니 소리, 날 전어와 해삼이 이빨 새를 통통 뛰어다니는 소리,

밤새도록 들어도 물리지 않는

자연 음악 소리

백두산 자작나무

천지를 오르내리며
여행객을 안내하는 조선족 청년

일제를 피해 간 할아버지의 땅에서
또 다른 제국을 견뎌야 하는
키 작은 자작나무

윤동주 시인 시비는
볼 수 없어요

왜냐고 묻는 말에 말꼬리를 흐린 채

앞장서서 나아갔지요,
제국의 변방

향나무 도마

화산암 틈바구니에서
북풍한설을 견딘 울릉도 향나무야

먼바다를 연모한 밤낮,
생명을 살리는 도마가 되었구나

가을무를 채 썰어도, 매운 고추를 다져도
흠결지지 않는 악마디 진 몸뚱어리

옹이가 뱉어내는 외마디 향기,

동해의 파도 소리
짙푸르구나

사막지기

어머니는
나무와 강물을 이야기했죠
색동 바람 불어오면 오카리나를 연주하며
노랫말 없이도 나부끼던 숲

구름아,
비를 몰고 와다오

백양나무 흔드는 바람 소리 기다리며
하루에도 수십 번씩 물지게를 짊어지고
모래 언덕을 오르내렸어요

어서
보고 싶어요

초록으로 나부끼는
어머니의 숲

홑씨

푸르게 일렁이는
하늘 속,

민들레 홑씨가 팔랑팔랑 날아오른다

타클라마칸 사막을 나는
내
상상력처럼

명자꽃

냇가에 쪼그리고 앉아
한나절이 지도록 빨래를 하면
젖이 퉁퉁 불어 겨드랑이가 아파왔죠
엉거주춤 오그라든 다리, 젖 먹일 새도 없이
아궁이 불을 지피던 어린 새댁아
몸살 난 젖가슴 감싸안고
돌담 아래서 울어 쌓더니

울음도
꽃이 되는
봄,

불긋불긋
꽃망울 터뜨렸구나

오목이

화살 깃에 바람을 실으면
가벼이 닿을 수 있는 산 너머 동네

생각만 해도
눈물이 도는 얼굴이 있어요

폭우 내리는 숲길에서
놓쳐버린 조막손

어느 산자락에서 만져볼 수 있을까요

크지 않은 다섯 살
까무잡잡한 볼

검독수리

절벽 위 둥지에서
갓 태어난 동생을 밀어내는
형 독수리

나만 살아남아야 해
나 혼자서 하늘을 다스려야 해

생존 경쟁의 비탈에서
첫 번째 경쟁자가 형제자매라는 걸
검독수리가 가르쳐 주었어요

큰자식을 나무라지 않는 어미에게
힘센 자식을 감싸는 것이
순리라고 거드는 절벽,

서슬 푸른 돌멩이 하나
툭,
떨어지네요

민들레

홀어미 손잡고 흘러든 동네,

낯선 골목에서도 기죽지 않고 고무줄놀이를 했지

콧물 닦아 번들번들해진 소맷자락

애비 없는 가시내라고 놀림당하면서도

아금박스럽게,

모가지 밀어 올렸지

나무 의자

삼거리에 주막을 열고
나그네의 허기를 채워줬어요

때론 몸뚱이까지 보시하며
괴나리봇짐 속 얘기도 들어줬고요

몇 굽이 풍설이 지나쳤을까

핏기 말라붙어 삐걱거리는 팔다리,
등뼈도 와르르 무너졌지만

가난한 이들과 뒹굴다가

가벼이 삭을 수 있어
참, 좋아요

무인도

파도가 후려칠 때마다
아프다는 말조차 삼켜버리는 동안
가랑이 사이로 우럭과 도다리가 들락거리고
발가락 틈에서는 문어와 해삼이
둥지를 틀었어요

사람에게서 멀어질수록
비옥해지는 텃밭,

뭇 생명이 살아가는
낙원이 되었죠

제3부

도랑물 소리뿐

갑진년 섣달 초사흘
비상계엄포고령을 듣고 기어든 보석사(寶石寺),

천년하고도 일백 년을 더 살아온 은행나무도
이파리 죄 떨군 채
바스스한 몰골로 떨고 있었다

사람도 아프고
나무도 아프구나

긴 겨울을 준비하는 듯
범종각 난간에서 무시래기 말라가는데

바람조차 엎드린 계곡,

소리 내어 통곡하는 건
늦단풍 아래 숨은
도랑물 소리뿐

등신불

은박 담요 둘러쓴 채

폭설이 내리붓는 길 위에서 가부좌한 사람,

내란 우두머리는 어서 나와
죗값을 치르라

폭력을 쓸 줄 모르는 기도가
하늘을 부를 때

저,

하얗게 빛나는
등신불

설해목

정권마다 빌붙어
총리와 장관을 해 먹는 사람에게
유연하다고 말들 하지만

휘어지는 갈대보다
대쪽 같은 신념이 몹시 그립다

어찌, 자신의 이데올로기를
단물 빠진 껌처럼 버릴 수 있을까

올곧게 일했다면
깨끗이 물러나 한세상 돌아봐야지

폭설이 내리붓는 오늘,

설해목 부러지는 소리
멀리 그립다

독감

내란 행위를 옹호하는
저, 비현실적인 아가리

관록이 쌓일수록 궤변만 능해져
개 풀 뜯어먹는 소리마저 서슴지 않는데

어처구니없는 몸뚱어리,

얼음장에 누운 듯 떨리다가도
열이 펄펄 끓어오르며 지랄발광을 한다

차마
눈 뜨고 볼 수 없어

노래를 잃어버린
새가 되었다

빈곤 포르노

아픈 아가야
눈곱이 덕지덕지 달라붙고
입술 언저리에 파리가 꼬일수록
네 상품 가치는 높단다

몇 푼의 동정을 주고 사진을 남기면
나는 갈채하는 광장을 활보할 수 있지

아가야
최대한 불쌍하게 안겨다오

죽은 예수를 안고
울지도 못하는 성모마리아처럼

나는,
비장하게 하늘을
우러를 테니

망이*의 광장

무신 정권의 횡포를 견디다 못해
망이·망소이 형제가 북을 치며 일어섰듯

민주주의를 패대기친 정권을 몰아내야 한다고
촛불 드높이 세워 들었지만

곧이 알아듣고
말할 줄도 모르는 막무가내,

민중의 언어는 밤하늘에 얼어붙어 버렸다

어느 날에나 볼 수 있을까

북소리 얼싸안은
망이의 광장

---

* 고려 명종 때 공주 명학소(鳴鶴所, 현재 대전시 탄방동)에서 망이·망소이 형제가 봉기했다.

엄마, 안녕

육박전을 벌이다가
치명상을 입은 우크라이나 병사,
그만 싸울 테니 조용히 죽여 달라고 하자
러시아 병사는 단도를 거두고
경의를 표한 후 방아쇠를 당겼다

둘 중 하나는 죽어야
끝나는 싸움,

우크라이나 병사가
엄마 안녕을 외우며 죽어갈 때
당신은 훌륭한 전사였소
러시아 병사가 눈물을 흘렸다

위정자가 벙커에서 전쟁을 관람할 때

전장을 누비는 건
가난한 청년

지구와 어른

사십오억 년 전
행성이 옆구리를 들이받았을 때
떨어져 나간 살점은 달이 되고
나는 몸뚱어리 기운 채 자전과 공전을 계속했지요

넘치지 않고 부족하지도 않은
신비로운 기울기 23.5도,
사계절이 생기고
변화무쌍한 생기와 활력도 생겨났어요

그날의 충격이 없었더라면
나이만 들어가는 노인이었을 뿐
바람과 해류를 통합해 읽어내는
어른은 되지 못했을 거예요

오래 살았다고 해서
모두
어른이 될 수 없듯 말예요

김오랑처럼

내게도 있을까
목숨 걸고 지킬 사람

12 · 12 군사반란 시
상관을 지키려다 총탄에 쓰러진
김오랑 소령처럼

내게도 있을까,

목숨 바쳐 지켜야 할
단 한 사람

견훤의 배롱나무

풍모가 장대하고
지략이 뛰어났던 후백제의 견훤
자신을 **빼닮은** '금강'에게 왕위를 물려주려다가
큰아들 '신검'에게 유폐된 울분,

왕건에게 투항한 후
후백제가 망하는 한이 있더라도
신검을 치자고 했죠

견훤 능 앞
두 그루 배롱나무

금방이라도 찢고 나올 듯

통곡 소리,
울퉁불퉁했어요

증언

청량산에 갔더니
살점이 떨어져 나간 소나무가
뼈를 드러낸 채 절뚝이고 있었어요
어쩌다 그리되었냐 물었더니
왜놈들이 쳐들어와 주인 노릇할 때
전쟁놀이에 필요한 기름을 만든다고
허벅지를 톱날로 긁어
송진을 뽑아간 흉터라네요

산 채로 벗겨지고도
살아남아 증언하는
늙은 소나무,

피딱지 엉겨 붙은 상흔에서

그날의 아픔이
훌쩍이고 있었어요

연해주 연어

소비에트 연방 시절
중앙아시아 갈대밭으로 내몰린 민족
토굴에서 연명하며 논밭을 일궜지만
소련이 붕괴하자 독립한 국가들은
이주민을 역차별했지요

피땀 흘려 세운 칠십여 년을 버리고
다시 연해주로 돌아왔지만
어미 아비의 터는 덤불만 뒤엉켜 있었어요

하지만

고려인의 숨결이 배어 있는 땅,
어미 아비가 했던 것처럼
풀뿌리 갈아엎고
씨를 뿌려요

비목(碑木)

빨갱이 손에 들어간 동네는
어른 아이 가리지 말고 총살하라

떨고 있는 나를 끌어안은 순간
어매 옆구리에서 창자가 흘러나오고
나는 피 묻은 가슴에 묻혀 기절하고 말았죠
깨어보니 몸통만 남은 어매가
나를 끌어안고 있었어요

붉은 살점이 마른 풀대에 걸리고
불에 타고 있는 사람, 숯덩이가 된 사람

지리산 자락 양민 학살 현장에서
아이들 뼈만 거둬 봉분을 지었지요

여기는
누구도 침범할 수 없는
아이들의 땅

실루엣

짧은 총성과 함께
치명적 상처를 남기고
사라진 저격수,

서너 발에 불과했지만 공포는 강력했다

경계 근무하던 병사가
적군이 구름처럼 몰려온다고
혼비백산해 달려왔지만

달빛 그늘을 흔드는 것은
활엽수 이파리뿐

굴밤나무

스스로 구멍을 내 새를 불러들였을까
새가 구멍을 파고 들어갔을까

먹이를 물어 나르고 똥을 내다 버리면서
굳은살 박이고 반들반들해진 문지방

나,
아프지 않아요

살 속에 다른 생명 들이고도
끄떡없이 잎 피우는
저 뚝심,

연둣빛 손가락을
깨물어 주고 싶다

제4부

새벽 술

글을 쓰다 보면
창이 뿌옇게 밝아왔다
뒷덜미에서 따끔따끔 별이 반짝이고
토시를 낀 팔목이 감각을 잃어가도
이틀이고 사흘이고 뜬눈이어도 좋다는 듯
잠은 서역으로 달아나고 말았다

지친 눈을 잠재우려고 독한 술을 마신다

목구멍을 훑어 내리는
짜릿한 쾌감,

팔다리 뻗고 큰 숨을 들이쉬면
파미르, 야생화 언덕이다

빙하의 혀끝에서 생성된 물방울이
잠도 없이 생각을
실어 나른다

바랑산 나비

뻐꾸기 울어댈 무렵이었을까
바랑산 골짜기로 더듬더듬 들어가
보리밭 매며 부른 노래와
디딜방아 찧으며 시름을 삭인 소리,
호랑이와 동행한 이야기를 녹음테이프에 담아와
미나리 생절이에 소주 한잔 마시며
그날의 성과를 정리하곤 했는데,

네가 하늘로 가버린 날도
이때쯤이었을까

살풋한 보조개 그리워
바랑산 구석구석을 찾아 헤매도
옷자락, 보이지 않았다

하얀 볼에 나부끼던
긴 생머리칼,

애초에 넌
이승 사람이 아니었는지도 몰라

미나리 밭에 잠시 앉았다가
날아간 나비,

내 황홀한
꿈이었는지도
몰라

서훈정을 추모하며

복사꽃
피어나던 골,

고라니와 함께 텃밭을 일구며
도란도란 마주 보는 가시버시가 있었지요

꽃잎인 양
각시 살결이 하도 고와서
흰나비 날아와 콧잔등에 앉았다가
훨훨 데리고 날아가 버렸어요

이제, 다시는 볼 수 없지요

삶도 죽음도
길 위의 바람이라던

풍경 소리 한 가닥
머물다 갈 뿐

방랑 식객 임지호

어머니라는 화두 하나 짊어지고
산과 강을 떠돌았다

만나게 되겠지, 모르는 새 스쳐 갔는지도 모르지

어머니에게 드리듯
길 위의 사람에게 밥을 지어 먹였다

밥상을 차리는 것은 그리움을 먹이는 것,

갯바위에 붙어
거북손을 따는 등에

바람 한 가닥
나풀거렸다

그날

책을 만들어준 대가로
장항에서 한솔제지를 싣고 오던 밤,
화물차 짐칸에 쌓은 미색 모조가
산채처럼 무거워 아랫도리가 흔들거렸다
비탈에서는 가속도가 붙어 우르르 굴러가고
모롱이를 돌 때는 한쪽으로 쏠렸다

멈춰 서라고 소리 질러도
곧이듣지 않았다

부여 논산 간
국도를 훌쩍훌쩍 기어갈 때
능산리고분에서 잠 깬 성왕이
어깨를 토닥였다

여인아,
참 용감하구나

칠흑 같은 어둠이 무서워요
후줄근한 팔다리에 힘을 실어주세요

집에서는
저녁밥도 굶은 병아리 한 마리
기다리고 있어요

핏줄

발정기 때마다
진돌이와 합방시켜도
진순이는 새끼를 가지지 못했다

뻐꾸기도 바람기를 어쩌지 못하는 오월,
싸돌아다니다가 들어오더니
배가 점점 불러왔다

점잖은 신랑감은 맘에 들지 않아
집시 춤꾼과 엉겨 붙었을까

다섯 마리 새끼 중
필사적으로 울타리를 빠져나가는
강아지 한 마리,

지 애비 손잡고
오일장 마당을 떠돌 것이다

옥산댁

서천 판교장에 가면
장항선 따라 사라져 버린 황금을 추억하며
아흔 살 주모가 살고 있지요
우시장 어귀에서 장꾼을 기다리다가
막걸리 한잔 청하면
콩나물국과 함께 내어놓았죠

추운디, 어여 뜨신 국물부터 마셔요

장돌뱅이 허기를 채워주던
옥산댁,

오늘도
대문 밖 낡은 의자에 앉아
발길 없는 골목으로
목이 길지요

비틀비틀

산자락 굽이돌며 구성지게 창(唱)을 하는 사내,

뒷짐 지고 허리 저어 나룻배를 띄우는데

막걸리 한 사발이 파랑(波浪)이 되었을까

도토리나무도 비틀비틀 뒤따라가네

메락 마을

히말라야 겨드랑이에
숨어 있는 마을,

나눠 가질 재산이 없어
형제가 아내를 공유했지요

형이 밭을 갈면
아우는 야크를 몰고 나가
한 계절 내내 돌아오지 않지만
아이들은 두 아빠를 부르며 티 없이 자랐어요

야크처럼 꺼멓게 그을린 얼굴,

흙투성이가 되어 뒹굴면서도

빙하 녹은 물 같은
사람의 마을

사춘기

섹스하고 싶어 안달하는
수컷 코끼리

관자놀이가 부풀어 오르고
살갗 틈으로 끈적이는 액체가 흘러나오는가 하면
성기는 고약한 체액을 떨어뜨렸다

초막을 부수고, 밭고랑을 짓밟고
코뿔소, 기린, 물소, 사자까지 들이받고는
귀때기 팔랑팔랑 으스대며 걷다가

대가리 치켜들고
소리 질러대는 사춘기

본능만이 질주했다

전이(轉移)

산책길에 서 있는
물참나무야,

쭉 빠진 허벅지를 감싸 안으면
싱싱한 생명력이 물결쳤는데

내가 울고 있는 동안,

종아리에 정맥이 불거지고
시퍼런 이끼가 가슴팍을 덮었구나

어떤 연(緣)으로 닿아 있기에

내 아픔을 네가 지고
비탈에 서 있느냐

젖퉁이의 상징학

절대 비밀이라도 되는 양
밤톨만 한 젖멍울을 꼭꼭 싸맸다

사내의 손을 허락한 후
꽃물 말라버린 납작한 접시꽃

더 이상 감출 것도 기대할 것도 없다는 듯
홑적삼 위로
껍질만 남은 성(性)이 출렁거린다

길
끄트머리에
서서

헐렁한 적삼이
홀가분하다

헤파이스토스

우리 집에는
하늘을 나는 수레를 짓고
에로스의 화살을 만드는 대장장이가 산다

구두 뒤축이 닳으면 가죽을 덧대고
나무를 깎아
뜨겁지 않은 냄비 손잡이를 만드는가 하면
부러진 우산살을 갈아 끼우는 사내

외간 사내에게 눈 돌리는
아프로디테를 응징하기보다

분노를 승화시켜
창작의 영감을 길어 올리는 장인,

금빛 손이
산다

성당을 지나며

산책할 때마다
가로지르는 월평동성당,

하느님은 나를 축복해 주실 거야
십자가를 바라보며 잠시나마 당신을 생각하니까
아니지, 마당을 질러 다니면서도
성모상 앞에서 두 손 모으지 않는다고
지옥에 보낼는지도 모르지

하느님, 사순시기마다
십자가의 길을 걸어야 하나요?

저기, 횡단보도를 건너는 노인
미사 드리지 않아도 천국 갈 수 있다고
신부님은 말씀하셨는데,

그 말씀
아직 반짝이는데

봄이가 갔다

동물보호소에 갔을 때
다른 개들은 나 좀 데려가라고 애원했지만
인간을 믿지 못하겠다는 듯
누더기 뒤집어쓴 채 바라만 보고 있었다

같이 사는 동안
결 곱던 몸뚱어리에 종양이 돋고
머루 같던 눈동자도 촉기를 잃더니
나아지지 않는 연명의 날들,

목욕시키고
향기로운 수건으로 감싸
보내기로 한다

자는 듯이, 너는 가겠지만

오래오래 볼 것이다
구석구석 남긴 숨

제5부

소나무에 기대어

천 천년의 골짝을 천착하다가
바위틈에 서 있는 당신을 보았지요

증언하는 화석처럼
묵언의 시간을 겹겹이 둘렀군요

얼마나 긴 곡절을 돌아 당신이 되었을까요

시퍼런 날에는 읽어내지 못했는데
눈 씻고 들여다보니 눈물자국 보여요

상처 깊을수록
송진 냄새 멀리 가듯

아픈 펜의 향기
멀리멀리 품을게요

시킴왕국

부끄럼을 많이 타
만년설 속에 숨어 살지만
영역을 침범한 자는 가차 없이 응징했다는
유인원 예티,

칸첸중가 봉우리 아래
그를 닮은 사람들이 살고 있었다

눈밭에서 주워 온 예티의 아기가
조상이라고 믿는 사람들,

바깥세상 눈에 띌까
꼭꼭 숨은 채

눈 녹은 물로 입술을 씻고
깨끗한 말 키우며
살고 있었다

월동대파

겉껍질 바스스 주저앉았지만

속대는 하늘을 뚫을 듯 서슬 푸르구나

언 땅에 발 묻은 채 책장을 넘기던 바람찬 들녘,

눈바람 마시며 아린 속을 다독였느냐

맵기만 하던 입술이 달짝지근하다

사랑의 방식

내몽골 아낙은
모래언덕에 찍힌 발자국을 보고는
바람이 뭉개 버릴까
세숫대야로 꼭꼭 덮어놨지요

사막 한가운데,

나그네의 체취를 숨겨 놓고는
날마다 들여다보며 말을 걸었지요

낯선 사내와
눈을 맞춘 신바람,

물지게를 지고 나서면

바람도 엉덩이를
밀어주었죠

백록담

흰 사슴을
만나러 가는 길,

오르고 올라도
치맛말기 동여맨 가슴께일 뿐
정수리는 보여주지 않았다

가까스로 분화구에 올라섰을 때
비구름 알갱이가 볼때기를 후려치더니
멍석 말리듯 사라져 버린 구름

순간,

백록의 눈이
하얗게 빛났다

심판 없는 짓

시집을 낸 후
낑낑대며 끌고 나가 부쳤다

수많은 시간과 노력을 쏟아붓고는
돌아오는 것 없어도 마냥 좋았다

풀밭에 함부로 들어가지 않고
담장을 넘어온 사과도 손대지 않았지만
책을 낼 때만은 심판이 없었다

창구 직원이 묻는다,

또 책이에요?

실러캔스*

어두컴컴한 해구에
수억 년 전 어머니가 살고 있었네
물갈퀴 같은 지느러미를 손발가락에 낀 채
척추동물의 화석이 기어다니네
수면 가까이 올라가면 말이 난무하는 광장,
둔탁한 입술로 대거리하기 싫어
심해에 은둔하기로 했네

수압을 견딘 피부는 꺼멓고 거칠지만

비늘 갈피갈피 숨 쉬는
오래된 지혜,

그것마저 낡았다고
깐보지 말게

* 실러캔스 : 심해에 사는 고생대 어류.

칠칠과 팔팔

저기
걸어가는 남자,

바지 뒷주머니 단추가 깨져 있다

양복 소매에
서로 다른 단추가 달려 있고
앞섶 단추는 실에 매달려 대롱거린다

칠칠한 소맷자락이
정직과 신념을 강조할 때

새는,

팔랑팔랑
날아가 버렸다

연민하는 귀

베란다 너머에서
쇠망치 내리치는 소리가 새벽을 연다

살인적인 더위에도
달궈진 비계를 기어다니며
굴러떨어지는 태양을 연일 밀어 올리는
시시포스의 노동이 위태롭기만 한데

노동을 연민하는 데메테르가
내 잠을 다독였을까

빌딩 올라가는 소리
기고만장해도

새벽은
순하기만 하다

마추픽추에서

콘도르여,
산맥 너머를 꿰뚫어 보는 눈으로
어리석은 목숨의 씨줄 날줄을 읽어 보세요

석벽에 그려 넣은 퓨마와 라마는

내
고대의 강가에서도
뛰어놀았죠

초록 바람 거슬러

나를 살다간
잉카인이여

배고픈 찰떡이

유튜버 배고픈 찰떡이가
양푼이 밥에 배추김치 한 포기를 먹어 치운다
시퍼런 겉잎도 자르지 않은 채
밥숟갈에 얹어서 밀어 넣으면
비쩍 마른 볼이 둥그렇게 튀어나오고
목구멍이 비단뱀처럼 꿈틀거린다

그녀가 밥숟갈을 욱여넣을 때마다
볼이 터지게 상추쌈을 밀어 넣던 엄마가 생각난다

푸성귀로 배를 채운 채
들로 산으로 내몰리던 젊은 아낙,

찰떡이는
살 한번 쪄보지 못한
울 엄마를 닮았다

그들의 전설

일밖에 모르는 사내가
비탈을 갈아엎는 산골,

소 모는 소리, 뻐꾸기 울음소리 더불어 살고 싶다

화티에 묻어놓은
불씨를 호호 불어 구들을 데우고
고콜등잔 아래서 양말을 기워
이놈 저놈 뒤꿈치 막아주면서

예쁘다는 말은 할 줄 몰라도
지게 가득 땔감을 베어 나르는 사내와 살고 싶다

황소바람 들이칠 때마다
이불 밑으로 모여들던 발목

그들의 전설이
마냥 부럽다

여전히

딸을 시집보내면
산으로 들어간다고 했다

서너 평 공간에 기대어 소나무처럼 늙고 싶었다

산으로 가지는 못했지만

여전히 낯선 거리,
낯선 사람들

나는

시멘트 굴을 드나드는
바람일 뿐이다

그 광장

누군가를 위로하고
연민하는 말을 찾기보다는
상처 내고 들쑤시는 말이 훨씬 쉬웠다

이 골짝 저 바위틈에서
탄생한 괴물,

복숭아나무 아래서 피를 나눠 마시더니
동지애는 배가 되고
입술의 근육에도 힘이 붙었다

그 광장,

홀로 서서 지평선을 보는
사슴이 있었다

누구도

뻐꾸기 울음소리
낭자한 산골,

처자식에게 버림받은 초로의 사내가
고추 농사짓는다고 드나들더니
용달차 한 대 꿈쩍하지 않고
밭둑에 서 있었다

농약을 쳤는지
비닐 옷 입고 운전석에 기댄 채로
주검이 된 지
오래,

바람만 기웃거릴 뿐

아무도
눈치채지 못했다

호박처럼

연두 볼기짝에
햇살 내려와 놀곤 하더니

찬바람 손잡고 붉디붉게 익은 속살

나도
늙어

저토록
황홀할 수 있을까

오래오래

메일을 보낼 때마다 한결같은 기도

교수님, 오래오래 건강하시기를 빕니다

언 강을 건너게 하는 그 말,

아프지 말아야겠다

해 설

아픈 말로 들려주는 사랑의 시학

오홍진(문학평론가)

 안현심은 '시인의 말'에서 자기 전에 가지고 놀던 자동차를 나란히 눕혀 놓은 두 돌배기 아기의 말에 주목한다. "우리가 잘 때는/ 자동차도 자야 해요"라는 아기의 말에서 시인은 "사람과 사물이 동등하게 소통하는 세상"을 떠올린다. 사람과 사람이 아니라 사물과 사물이라는 점을 눈여겨봐야 한다. 아기는 사람과 사물을 구별하지 않는다. 사람과 사물을 엄격하게 구분하는 어른의 시선으로 보면, 아기의 시선은 의미의 경계선을 모르는 백치의 시선과 닮았다. 이것과 저것을 분명히 나누어야 의미가 생긴다. 음매 소리를 내면 '소'고, 멍멍 짖으면 '개'다. 때가 되면 사람은 자야 하지만, 자동차는 잘 필요가 없다. 아기는 이런 일상의 법칙에 연연하지 않는다. 때가 되면 모든 사물은 자야 한다. 시인은 "꼭/ 너만큼만// 생각하고 상상하며/ 시를 쓰고 싶다"라고 고백한다. 의미의 경계선을 넘어야 시로 가는 상상의 길이 열린다.

시집의 첫 시로 제시된 「이미지」에서 안현심은 아기의 시선으로 그려내는 시작(詩作)을 분명히 보여 주고 있다. 이 시에서 아기의 시선은 "소녀와 나비"의 이미지로 표현된다. 손바닥을 펴면 흰나비 떼가 날아든다. 소녀는 꽃잎을 먹듯 나비를 한 잎 한 잎 집어 먹는다. 시인은 소녀의 "입술과 나비가 포개질 때마다/ 팬지 꽃향기가 나풀거"린다고 이야기한다. 팬지 꽃향기는 살아 있는 생명의 감각을 드러낸다. 상상 속에서 시인은 이미지를 현실처럼 느끼고 있다는 말도 된다. 하지만 "이미지에 홀려 다가서면/ 화들짝 놀라 사라져버리는 그림"이라고 시인은 쓰고 있다. 시인의 말마따나 이미지는 "닿지 못할 사람을 그리워하는 신앙"과 같다. 지금 여기에 없기에 우리는 그 사람을 그리워한다. 볼 수 없고, 냄새 맡을 수도 없는 이 사람-사물을 우리는 상상으로 보고, 상상으로 냄새 맡는다. 한마디로 상상 속에서 그것은 감각의 대상으로 떠오른다.

시인은 지금 여기에 없는 사물을 감각으로 느낀다. 손바닥을 펴면 흰나비 떼가 날아드는 게 보이고, 나비를 집어먹으면 팬지 꽃향기가 나풀거린다. 문제는 이런 감각들이 "늘 그만큼의 창을 통해" 펼쳐진다는 점에 있다. '그만큼의 창'

이 넓어질수록 사물을 들여다보는 시선 또한 넓어진다. 두 살배기 아기가 그린 창으로 세상을 보면 자동차도 당연히 잠을 자야 한다. 아기에게 자동차는 이미지가 아니라 현실을 사는 사물/생명이다. 당연히 아기는 자동차 이미지에 홀리지 않는다. 꽃잎을 먹는 소녀의 입에서 피어나는 팬지 꽃 향기를 온몸으로 맡는다.

시인으로서 안현심은 어떨까? 그녀는 분명 아기의 시선으로 세상을 보려 한다. 그러나 위 시에 표현되듯 그녀는 현실 사물과 이미지는 다르다는 걸 분명히 알고 있다. "늘 그만큼의 창을 통해" 사물을 들여다봐야 하는 게 시인의 한계 지점이라는 걸 머릿속에 새기고 있다.

어떻게 해야 시인은 아기의 시선으로 세상을 들여다보는 힘을 얻을 수 있을까? 사실 해답은 이미 나와 있다. 두 돌배기 아기가 되어 그 시선으로 세상을 보는 것이다. 두 돌배기 아기가 되려면 어른이 되기 위해서 학습했던 지식을 스스로 내려놓을 줄 알아야 한다. 지식에 매인 눈으로는 상상의 창을 넓힐 수가 없다. 그만큼의 창에 종속되어 그만큼의 세상을 들여다볼 뿐이다.

아기는 이것과 저것을 분별하지 않는다고 했다. 자기와 자동차를 한 자리에 놓음으로써 아기는 자기와 사물 사이의 거리를 없애버린다. 자기 시선으로 사물에 의미를 부여하는 어른들과는 애초부터 다른 길을 걷고 있다. '아기-되기'라고 이름 붙일 수 있는 이 과정을 거쳐야 시(인)로 가는 길이 더욱더 넓어진다.

안현심의 시는 무엇보다 자기를 고집하지 않는 아기의 마음에서 찬찬히 피어오른다.

>   비탈을 오르내리던
>   산사람의 손잡이가 되어주다가
>   손아귀에 데여 벗겨진 살갗
>
>   상처 드러낸 채 눈바람 속에 서 있지만,
>
>   손가락 공이로
>   가슴팍을 한번 두드려보세요
>
>   도끼날마저 튕겨 나갈 듯
>   탱글탱글한 북소리 들리지 않는가요?
>
>   이념의 소용돌이를 딛고 일어선
>
>   육자배기 가락,
>   출렁거리지 않는가요?
>   —「지리산 노각나무」 전문

아기가 된 시인은 사물의 시선으로 사물을 들여다본다. 자기 시선을 내려놓은 자리에 타자의 시선을 들여놓는다고나 할까? 시인이자 평론가인 옥타비오 파스는 '치명적 도약'

을 거친 존재만이 시인이 될 수 있다고 이야기했다. 치명적 도약은 절벽에서 한 걸음을 더 내딛는 상황을 일컫는다. 말 그대로 죽음을 각오하고 절벽에서 뛰어내리는 마음이 바로 치명적 도약이다. 돌려 말하면 자기 마음을 내려놓은 존재만이 시인으로 가는 길에 들어설 수 있다. 자기가 아닌 무언가가 되는 일 또한 이런 맥락과 연동되어 있다.

아기가 되려면 자기를 얽어매는 어른의 시선을 내려놓아야 한다. 아기-되기는 동물-되기나 여자-되기 등으로 뻗어 나간다. 아기와 동물과 여자는 습관화된 통념을 벗어난 자리에서 생성된다. 어른과 인간과 남자를 고집하면 타자로 가는 길은 이내 막혀 버린다. 안현심 시에 서린 아기/타자의 시선이라고 다르지 않다.

위에 인용한 시에서 시인은 상처를 드러낸 채 눈바람 속에 서 있는 노각나무에 주목한다. 비탈을 오르내리던 산사람의 손아귀가 닿은 자리마다 살갗이 벗겨졌다. 상처 난 자리가 아프다고 나무는 몸을 움츠리지 않는다. 그저 그 상황을 묵묵히 받아들이며 차가운 눈바람을 견딘다. 시인은 겉으로 나타난 상처를 보고 노각나무를 판단하지 말라고 말한다. 손가락 공이로 가슴팍을 두드리는 순간 나무는 "도끼날마저 튕겨 나갈 듯/ 탱글탱글한 북소리"를 울린다. '북소리'는 힘들수록 노각나무가 내뿜는 생명 의지를 일컫는다.

도끼날마저 튕겨낼 정도로 단단한 노각나무의 이 힘은 어디서 뻗어 나오는 것일까? 이 힘이 생성되는 자리를 알려면 스스로 노각나무가 되어 상처를 드러내고 눈바람 속에 서 있어야 한다. 보는 주체의 바깥에 노각나무가 있는 게 아니다. 보는 주체 자신이 바로 노각나무다. 정확히 말하면 보는 주체와 노각나무를 가르는 경계는 없다.

"이념의 소용돌이를 딛고 일어선// 육자배기 가락"은 바로 여기서 보는 주체와 사물을 하나로 잇는 감각으로 거듭난다. 아무나 이 소리를 들을 수는 없다. '이념의 소용돌이'에 집착하는 존재는 늘 자기 생각으로 타자를 판단한다. 사물의 감각을 거부한 자리에서 이념이 피어난다. 탱글탱글한 북소리처럼 울리는 노각나무의 감각을 들으려면, 그것을 들을 수 있는 귀를 온전히 지니고 있어야 한다. 시인이 손가락 공이로 나무의 가슴팍을 두드리는 까닭은 여기에 있다. 이 순간 시인과 나무는 하나가 된다. 나무 속에서 울리는 육자배기 가락이 시인의 마음 깊은 자리에 와 닿는 기적과도 같은 일이 일어난다.

중요한 것은, 언어/의미에 매인 마음자리를 보는 주체 스스로 내려놓는 일이다. 사물로서 노각나무는 사물의 소리를 들을 줄 아는 이에게 육자배기 가락을 들려줄 준비가 되어 있다.

「히말라야 사람들」에는 "빳빳한 빵과/ 수유차 한 잔이면 족한 사람들"이 나온다. 나귀에 짐을 싣고 설산을 오르내리는 이들을 보며 시인은 "사람과 짐승의 경계가 허물어진 비탈"을 상상한다. 히말라야 사람들은 사람과 짐승을 구분하지 않는다. 일할 때는 일하고, 먹을 때는 먹는다. 겨운 짐을 지고 대가리 끄덕끄덕하며 설산을 오르는 나귀처럼 그들은 묵묵히 주어진 삶을 살아간다.

　나귀가 사람이 되고, 사람이 나귀가 되는 이 상황을 시인은 히말라야 사람들의 익숙한 시선으로 들여다본다. 하늘 소리가 들리는 자리에 이른 모든 생명은 시간이 흘러 구름 위로 올라가 신이 된다. 신은 절대자를 의미하지 않는다. 하늘 소리를 듣는 모든 존재가 신이 된다는 점에서, 신은 곧 사람과 짐승의 경계가 허물어진 어떤 상태/감각을 의미한다. 모든 생명이 모든 생명과 이어지는 생명 세계는 이렇게 만들어진다.

　　바윗덩이 굴리며 허물어지는 계곡

　　뜨거운 목숨 하나 지니고 살다가
　　울음보 풀어헤친 그녀,

　　울배기가
　　운다

　　　　　　　　　　　　　　―「작달비」부분

　　날된장에 찍어 먹는
　　얼얼하고도 달짝지근한 맛

　　날것과 날것이 힘을 합쳐
　　죽은 혓바닥에 피를 돌게 한다

—「날된장」 부분

들리지, 겨울왕국에서 날아오는
엘사의 노랫소리

눈부시게 밀려드는 마법에 취해
아아, 오오, 아가의 첫 모음만 달싹이다가

끝내
뱉어내지 못한 말,

—「때죽나무꽃」 부분

대숲에 이는 바람 소리, 처마 끝을 구르는 낙숫물 소리, 몽돌해변을 끌었다가 풀어놓는 파도 소리, 가지런히 무김치를 써는 어금니 소리, 날 전어와 해삼이 이빨 새를 통통 뛰어다니는 소리,

밤새도록 들어도 물리지 않는

자연 음악 소리

—「자연 음악」 전문

「작달비」를 먼저 보자. 작달비는 거세게 퍼붓는 장대비를 의미한다. 작달비가 내리기 전 하늘이 어두컴컴해지면 나

무와 새가 먼저 목울대를 밀어 올린다. 생명은 자연 현상에 민감하다. 자연재해가 일어나기 직전 온갖 생명이 보이는 기이한 행동들을 가만히 떠올려 보라.

   자연을 사는 생명은 위험을 직관적으로 알아챈다. 직관은 감각과 어울린다. 몸속 깊이 새겨진 감각이 위험에 먼저 대응한다는 말이다. 시인은 이 상황을 "뜨거운 목숨 하나 지니고 살다가/ 울음보 풀어헤친 그녀"라는 시구로 표현한다. 작달비가 내리는 순간 자연 생명은 온몸으로 울음을 쏟아낸다. 온몸으로 울지 않고 어떻게 작달비의 거대한 울음소리를 받아낼까? 살아있는 존재만이 울 수 있다. 작달비는 바윗덩이를 굴리며 자기를 표현하고, 자연 속 생명은 목청껏 우는 소리로 자기를 표현한다. 거기에는 오로지 뜨거운 목숨을 지키려는 의지만이 스며 있다. 말 그대로 살아 있는 감각이다.

   「날된장」에도 살아있는 감각이 어김없이 드러난다. 입맛이 없을 때 시인은 찬밥에 물을 말아 매운 고추를 찍어 먹는다. "날된장에 찍어 먹는/ 얼얼하고도 달짝지근한 맛"에 드러나는 대로, 날된장에 스민 맛의 감각을 시인은 잊을 수가 없다. 살아 있는 존재만이 음식을 먹을 수 있고, 음식의 맛을 느낄 수 있다. 입맛이 살아야 살아 있음의 감각 또한 더욱더 살아난다.

   시인은 입맛이 궁지에 몰릴 때면 으레 날것을 먹는다. 날것에는 인위적인 손길이 묻어 있지 않다. 이념보다는 감각에 가까운 게 '날것'이라고 말할 수 있다. 감각을 죽인 자리에서 이념이 뻗어 나온다. 시인은 지금 궁지에 몰린 입맛을 돌리기 위해 날것의 힘을 불러내고 있다. "날것과 날것이 힘을 합쳐/ 죽은 혓바닥에 피를 돌게" 하는 상황을 상상하고 있다. 당연한 말이지만, 날것을 먹으려면 날것의 입맛을 받아들여야 한다. 습관화된 입맛을 과감히 떨쳐내야 비로소 날것의 감각에 다가갈 수 있다.

「때죽나무꽃」에 이르면 날것의 감각은 "끝내/ 뱉어내지 못한 말"로 표현되어 있다. 가늘게 늘어진 꽃자루마다 주렁주렁 달린 꽃을 보며 시인은 겨울왕국에서 날아오는 엘사의 노랫소리를 듣는다. 꽃이 들려주는 노랫소리에 취해 시인은 끊임없이 소리를 뱉어내지만, "아아, 오오, 아가의 첫 모음만 달싹"일 뿐이다. 어떤 언어로 표현해야 꽃이 부르는 노래를 제대로 따라 부를 수 있을까? 가능하다면 시인은 마법을 부리고 싶다. 마법의 귀로 꽃이 전하는 노랫소리를 온전히 듣고 싶다. 하지만 그럴수록 입속에서는 전하지 못한 말이 계속해서 맴돈다.

말 너머에 사물이 있다. 시인은 말을 통해 사물로 다가가는 길을 열지만, 의미에 갇힌 말은 금세 그 한계를 드러낸다. 말의 의미는 이념과 통한다. 이에 비한다면 사물의 감각은 이념 너머에 있다. 안현심은 감각과 이념 사이에 놓인 간극을 "끝내/ 뱉어내지 못한 말"로 표현한다. 날것을 언어로 표현하는 건 이토록 어려운 일이다.

어찌 보면 자연은 날것으로 넘쳐난다. 날것이 모여 자연을 이룬다고 말해도 좋다. 「자연 음악」에서 시인은 대숲에 이는 바람 소리를 부르고, 처마 끝을 구르는 낙숫물 소리를 부른다. 시 제목처럼 자연은 늘 음악으로 사물을 표현한다. 살아 있는 존재라면 몸속에 음악을 품고 있다. 바람 소리와 낙숫물 소리가 그렇고, 몽돌해변을 끌었다가 풀어놓는 파도 소리가 그렇다. 가지런히 무김치를 써는 어금니 소리는 어떻고, 날 전어와 해삼이 이빨 새를 통통 뛰어다니는 소리는 또 어떤가. 위 시에 언급되지 않은 자연의 음악은 헤아릴 수 없이 많다. 한밤의 뻐꾸기 소리를 들으면 어떤 마음이 드는가? 창문 너머에서 들려오는 바람 소리에도 "밤새도록 들어도 물리지 않는" 날것의 감각이 스며 있다.

  안현심의 시는 이러한 자연 음악을 언어로 표현하는 과정에서 탄생한다. 시인은 마음을 비우고 아기의 귀로 자연 생명이 연주하는 소리를 듣는다. 날것과 날것이 합쳐 죽은 혓바닥을 살리는 기적('날된장')을 온몸으로 체험한다. 이념으로는 절대로 이를 수 없는 경계를 그녀는 날것의 감각으로 그려내는 셈이다.

    갑진년 섣달 초사흘
    비상계엄포고령을 듣고 기어든 보석사(寶石寺),

    천년하고도 일백 년을 더 살아온 은행나무도
    이파리 죄 떨군 채
    바스스한 몰골로 떨고 있었다

사람도 아프고

나무도 아프구나

　　　　　　　—「도랑물 소리뿐」 부분

아픈 아가야

눈곱이 덕지덕지 달라붙고

입술 언저리에 파리가 꼬일수록

네 상품 가치는 높단다

몇 푼의 동정을 주고 사진을 남기면

나는 갈채하는 광장을 활보할 수 있지

아가야

최대한 불쌍하게 안겨다오

　　　　　　　—「빈곤 포르노」 부분

우크라이나 병사가

엄마 안녕을 외우며 죽어갈 때

당신은 훌륭한 전사였소

러시아 병사가 눈물을 흘렸다

위정자가 벙커에서 전쟁을 관람할 때

전장을 누비는 건

가난한 청년

—「엄마, 안녕」 부분

　이런 날것의 감각을 잃으면 어떤 일이 벌어질까? 위에 인용한 세 편의 시에서 안현심은 날것의 감각을 잃은 인류의 상황을 분명하게 드러내고 있다. 우선 「도랑물 소리뿐」은 2024년 12월 3일 대통령 윤석열이 일으킨 친위 쿠데타를 시적 소재로 삼고 있다.

　비상계엄포고령을 듣자마자 시인은 보석사로 기어들었다. 국민에게 총구를 겨눈 상황을 보고 "천년하고도 일백 년을 더 살아온 은행나무도/ 이파리 죄 떨군 채/ 바스스한 몰골로 떨고 있었다." 인간의 일은 인간의 일로만 한정되지 않는다. 그것은 생명의 일로 뻗어나가 "사람도 아프고/ 나무도 아"픈 상황을 만든다. 시인은 바람조차 엎드린 계곡에서 소리 내어 통곡하는 도랑물 소리를 이 시의 결구로 표현한다. 사람이 아픈데 나무가 아프지 않을 리 없고, 나무가 아픈데 사람이 아프지 않을 리 없다. 인간과 나무는 한 생명으로서 더불어 한 길을 걷는다. 그것이 파괴될 때 사람도 아프고 나무도 아프다.

　날것의 감각을 잃은 사람들은 날것이 아닌 걸 날것으로 가장하여 우리 앞에 내놓는다. 「빈곤 포르노」에 묘사된 빈곤 포르노가 그렇다. 뼈가 드러날 정도로 마른 아이의 얼굴로 파리가 날아든다. 아이는 손을 내저어 파리를 쫓을 힘도 없다. 언뜻 가난의 날것을 보여준 듯싶지만, 이 광고를 만든 이들은 아이의 가난을 팔아 성금을 모으려고 한다. 아픈 아가의 상품 가치가 높을수록 성금은 더욱더 많이 걷힌다. 그렇게라도 가난에서 벗어날 수 있으면 좋은 거 아니냐고? 빈곤 포르노는 사람들의 감성을 자극한다. 먹지 못해 깡마른 아가의 감각을 이용해 사람들의 눈물샘만 터뜨리려고 한다. 그 모습을 보고 성금을 낸 사람들은 그러나 아픈 아가를 이내 잊어버린다. 날것의 감각을 모른 채 그저 돈으로 동정심을 해소했기 때문이다.

빈곤은 이념이 아니라 감각이다. 가난하지 않으면 가난의 감각을 쉬이 체득할 수 없다는 말이다. 빈곤 포르노를 만드는 이들은 가난하지 않다. 가난하지 않기에 이념으로 빈곤을 적나라하게 표현한다.

빈곤 포르노의 원리는 전쟁 포르노에도 그대로 적용된다. 둘 중 하나가 죽어야 끝나는 게 전쟁이다. 「엄마, 안녕」에서 표현된 러시아와 우크라이나 전쟁에서도 나타나듯, 위정자는 전쟁을 일으키고 가난한 청년들은 전장을 누빈다. 위정자는 죽지 않고 가난한 청년들만 소중한 목숨을 잃는다. 시인의 말마따나, 위정자는 벙커에서 전쟁을 관람한다. 지하 깊은 곳에 튼튼하게 지어진 벙커는 폭탄이 떨어져도 파괴되지 않는다. 그곳에 있는 이들에게 전쟁은 게임과 같다. 그들은 게임을 하고 게임 속에 들어간 청년들은 아무 소리도 못하고 목숨을 잃는다. 버튼만 누르면 청년들은 바로 눈앞에서 피를 흘리며 죽는다.

극심한 빈곤에 빠진 아이들과 포탄에 맞아 죽어가는 청년들은 왜 하필 그곳에 있어야 하는 것일까? 사랑이니, 애국이니 하는 말은 그저 쓸데없는 이념으로 소비될 따름이다. 이념이 과장될수록 빈곤과 전쟁을 표현하는 포르노의 원리 또한 과장된다. 상품 가치가 된 가난한 아이와 전쟁터로 내몰린 가난한 청년들을 떠올려 보라. 시가 포르노와는 다른 길을 걷는 이유가 여기에 있다.

"빨갱이 손에 들어간 동네는/ 어른 아이 가리지 말고 총살하라"라는 시구로 시작하는 「비목(碑木)」에서 시인은 지리산 자락에서 벌어진 양민 학살을 시화하고 있다. 자기와 뜻을 달리하면 모두 '빨갱이'다. 빨갱이를 밝히는 기준은 당연히 이 말을 만든 사람들에게서 나온다. 이들의 말 한마디에 따라 누군가는 총에 맞아 죽고, 누군가는 불에 타 죽는다. '빨갱이'라는 말은 지금 이 시대에도 살아남아 극우 논리의 기틀이 되고 있다. 아이들 뼈만 거두어 봉분을 지을 정도로, 이념과는 거리가 먼 아이들도 빨갱이라는 이름이 붙은 채 양민학살의 희생양이 되었다.

자연의 음악 소리가 흘러나오는 바로 그 자리에 "누구도 침범할 수 없는/ 아이들의 땅"이 있다. 그 땅에서는 더 이상 빨갱이라는 말이 먹혀들지 않는다. 어른과 아이를 가리지 말고 죽이라는 끔찍한 말이 떠돌지도 않는다. 포르노와 다른 시의 길은 바로 이 자리에서 펼쳐진다.

꽁꽁 얼어붙은
알타이산맥 독수리계곡,

어느 바위 동굴에서
모음을 익히고 사슴을 쫓았을까

맨발의 계집애를 찾아 골짜기를 헤맬 때

나는
알고 있지,

바위산 꼭대기에서
산양이 내려다보고 있었다
        —「그 계집애」 전문

스스로 구멍을 내 새를 불러들였을까
새가 구멍을 파고 들어갔을까

먹이를 물어 나르고 똥을 내다 버리면서
굳은살 박이고 반들반들해진 문지방

나,
아프지 않아요

살 속에 다른 생명 들이고도
끄떡없이 잎 피우는

저 뚝심,

연둣빛 손가락을
깨물어 주고 싶다

—「굴밤나무」 전문

「그 계집애」라는 시에 드러나듯, 안현심의 시는 신화적 사고와 밀접한 연관을 맺고 있다. 신화(神話)는 모든 생명을 동등한 위치에 놓는다. 인간이 곧 동물이고, 동물이 곧 인간이다. 문명은 신화의 이런 규칙을 무시하고 인간 중심의 세계를 건설했다. 인간은 자연을 정복했다고 선언했지만, 때가 되면 몰아치는 자연의 복수에 몸살을 앓는다. '복수'라는 말은 사실 온당하지 않다. 인간이 자연을 대하는 방식으로 자연 또한 인간을 대하기 때문이다.

위 시에서 시인이 찾는 그 계집애는 신화시대의 "어느 바위 동굴에서/ 모음을 익히고 사슴을 쫓았"다. 계집애는 사슴을 쫓고, 시인은 계집애를 찾아 골짜기를 헤맨다. 그리고 그 모든 일을 "바위산 꼭대기에서/ 산양이 내려다보고 있다". 계집애–시인–산양은 따로 있으면서 동시에 자연 속에서 하나로 이어져 있다. 그 점을 인정하지 않는 인간들이 자연을 파괴한 자리에 문명을 건설했다. 바위산 꼭대기의 산양은 과연 인간이 세운 문명을 어떤 마음으로 바라보고 있을까?

시인으로서 안현심이 타자를 환대하는 사물에 주목하는

까닭은 여기에 있다. 「굴밤나무」에 나오는 굴밤나무는 온몸으로 새를 품는다. 스스로 구멍을 내 새를 불러들였든, 아니면 새가 구멍을 파고 그 속으로 들어갔든 굴밤나무가 기꺼이 새를 받아들인 사실은 변하지 않는다. 새가 먹이를 물어 나르고 똥을 내다 버리면서 굴밤나무의 문지방은 굳은살이 박이고 반들반들해졌다. 살 속에 다른 생명을 들이고도 굴밤나무는 끄떡없이 잎을 피운다. 시인은 "저 뚝심"이라는 시구로 굴밤나무의 마음을 표현한다.

  굴밤나무가 밖에서 들어오는 새를 외부로 생각하지 않듯, 새 또한 굴밤나무를 자기 외부로 생각하지 않는다. 정확히 말하면 자연 사물은 서로를 하나로 이어진 생명으로 여긴다. 안과 밖이 한 길로 이어진 뫼비우스의 띠를 연상해도 된다. 겉으로 보기에는 안과 밖이 나누어진 듯하지만, 그 안으로 들어가면 모든 생명은 모든 생명과 하나로 이어져 있다. "연둣빛 손가락을/ 깨물어 주고 싶다"라는 시구 또한 명백히 이런 맥락을 띤다고 하겠다.

  타자를 환대하는 글쓰기는 「방랑 식객 임지호」에서는 "밥상을 차리는 것은 그리움을 먹이는 것"이라는 시구로 표현된다. 어머니라는 화두를 짊어진 방랑 식객 임지호는 "어머니에게 드리듯/ 길 위의 사람에게 밥을 지어 먹였다". 밥은 생명과 같다. 임지호가 건넨 밥 한 끼로 길 위의 사람들은 거듭 살아갈 힘을 얻었다. 생명을 살리는 일만큼 커다란 자비/환대가 어디에 있을까? 임지호는 부처의 자비를 실천함으로써 모든 생명을 향한 환대를 온몸으로 실천했다.

이념과는 상관없는 자리에 밥상을 차려 타자에게 베푸는 방랑 식객의 마음이 있다. 이념은 배고픈 이들에게 밥을 주지 않는다. 그러기는커녕 이념의 이름으로 그들을 가난으로 내몰고, 전쟁터로 내몬다. 방랑 식객 임지호의 이 마음은 「메락 마을」에서는 무소유를 실천하는 히말라야 사람들의 마음으로 이어지고, 「비틀비틀」에서는 구성진 창(唱)을 하며 나룻배를 모는 사내를 비틀비틀 뒤따라가는 도토리나무의 마음으로 이어진다. 이 시들에 나오는 사람과 사물은 자신을 특별히 내세우지 않는다. 그저 욕심 없이 주어진 삶을 살아갈 뿐이다.

    천 천년의 골짝을 천착하다가
    바위틈에 서 있는 당신을 보았지요

    증언하는 화석처럼
    묵언의 시간을 겹겹이 둘렀군요

    얼마나 긴 곡절을 돌아 당신이 되었을까요

    시퍼런 날에는 읽어내지 못했는데
    눈 씻고 들여다보니 눈물자국 보여요

    상처 깊을수록
    송진 냄새 멀리 가듯

아픈 펜의 향기

멀리멀리 품을게요

　　　　　—「소나무에 기대어」 전문

　천년의 흔적이 묻은 골짜기 바위틈에 소나무 한 그루가 서 있다. 시인은 오랜 시간을 견딘 소나무에서 "증언하는 화석처럼/ 묵언의 시간"을 즐기는 생명을 발견한다. 묵언하는 사람은 늘 제 마음 깊은 자리를 들여다본다. 묵언을 실천하는 수행자를 떠올려 보라. 그들은 묵언으로 깨달음에 이르는 길을 찾는다. 겉으로는 참으로 평온해 보여도, 그들은 마음속에서 뜨거운 몸살을 앓았다. "얼마나 긴 곡절을 돌아 당신이 되었을까요"라는 물음으로 시인은 오랜 세월을 묵언으로 견딘 소나무의 삶을 상상한다. 일상에 물든 눈으로는 소나무의 삶을 볼 수 없다. 시인은 눈을 씻고 가만히 소나무를 들여다본다. 눈물자국이 보인다. 소나무에 난 깊은 상처가 눈앞에 펼쳐진다. 시인은 "상처 깊을수록/ 송진 냄새 멀리 가듯"이라고 쓰고 있다. 소나무가 살아온 삶을 모르는 이가 어떻게 소나무의 상처를 알고, 멀리 퍼지는 송진 냄새의 감각을 이해할 수 있을까?

　안현심은 지금 소나무에 기대어 "아픈 펜의 향기"를 멀리멀리 퍼뜨리고 있다. 소나무가 아픈데 시인이 아프지 않을 리 없다. 소나무가 그 아픔을 송진 냄새로 멀리 퍼뜨리듯, 시인 또한 그 아픔을 "아픈 펜의 향기"로 멀리멀리 퍼뜨린다. 묵언의 시간을 겹겹이 두른 소나무의 눈물을 "멀리멀리 품"고 시인은 시를 쓴다. 소나무의 상처/눈물이 언어로 표현되는 과정에서 시가 탄생한다면, 시는 사물 감각과 언어 사이에 드리워진 어떤 지점에서 피어난다고 볼 수 있다.

치명적 도약을 거친 존재만이 시인이 될 수 있다고 앞서 말한 바 있다. 자기를 내려놓고 소나무가 된 존재는 마음에 품은 소나무의 아픔/감각을 언어의 향기로 펼쳐낸다. 언어의 향기는 물론 일상 언어를 넘어선 시 언어의 향기를 가리킨다. 소나무가 견딘 묵언의 시간을 시인은 시 언어의 향기로 표현하고, 그 향기를 맡으며 독자들은 천년을 산 소나무의 삶을 천착한다.

「사랑의 방식」을 참조하면, 소나무가 살아낸 묵언의 시간은 누군가에게는 뜨거운 사랑을 실천하는 시간으로 변주되기도 한다. 이 시에 나오는 내몽골 아낙은 모래언덕에 찍힌 누군가의 발자국을 세숫대야로 꼭꼭 덮어놓고는 날마다 그것을 향해 말을 건다. 발자국에는 나그네의 체취가 묻어 있다. 아낙은 그러니까 나그네의 흔적을 상상하며 "낯선 사내와 눈을 맞춘 신바람,"을 내는 셈이다. 아낙의 마음을 아는지 물지게를 지고 나선 아낙의 엉덩이를 바람이 살랑살랑 밀어준다.

안현심이 말하는 사랑의 방식은 참으로 뜨겁다. 모래언덕에 찍힌 발자국, 곧 시간의 흔적과 더불어 나누는 사랑이 아닌가. 이 사랑이 이루어지지 않으리라는 걸 내몽골 아낙이 모를 리 없다. 그래도 그녀는 이 사랑을 포기하지 않는다. 간절한 마음으로 발자국을 들여다보며 말을 건다. 이토록 간절하고 뜨거운 사랑을 바람이 알아주지 않으면 그 누가 알아주랴. 사랑은 이렇게 또 다른 사랑으로 뻗어나간다.

사랑은 집착과 다르다. 사랑은 자기를 넘어 바깥으로 열리지만, 집착은 바깥을 아예 인정하지 않는다. 이념으로 사물의 의미를 판단하는 이들이 그렇다. 이념은 의미에 집착한다. 의미의 울타리에서 벗어난 사물을 이념은 가차 없이 없애려고 한다. 「연민하는 귀」에서 시인은 이런 이념에 매인 채로는 결코 들을 수 없는 어떤 소리를 묘사한다.

베란다 너머에서 쇠망치 내리치는 소리가 들려온다. 빌딩을 올리는 공사장에서 울리는 소리다. 한데, 새벽잠을 깨우는 이 소리를 듣는 화자의 반응이 예사롭지 않다. 그는 살인적인 더위를 견디며 시시포스처럼 노동하는 사람들을 연민하는 데메테르의 마음을 떠올린다. 빌딩 올라가는 소리가 아무리 기고만장해도 그것을 듣는 사람의 귀는 한없이 맑기만 하다. 그래서일까, 소음으로 가득 찬 "새벽은 순하기만 하다"라고 시인은 쓰고 있다. 연민하는 귀가 순한 새벽을 불러낸다. 연민하는 마음이 순한 마음을 불러낸다고 말해도 좋겠다.

>누군가를 위로하고
>연민하는 말을 찾기보다는
>상처 내고 들쑤시는 말이 훨씬 쉬웠다

이 골짝 저 바위틈에서
탄생한 괴물,

복숭아나무 아래서 피를 나눠 마시더니
동지애는 배가 되고
입술의 근육에도 힘이 붙었다

그 광장,

홀로 서서 지평선을 보는
사슴이 있었다

—「그 광장」 전문

  위 시에서 시인은 '연민하는 귀'를 얻는 게 얼마나 어려운 일인지 말하고 있다. 연민하는 귀는 타자의 아픔을 들여다보는 눈과 다르지 않다. 타자를 끌어안는 몸과 같고, 타자의 향기를 맡는 코와 같다. 습관화된 입맛을 떨쳐낸 날것의 감각이 연민하는 귀에는 스며 있다.

  그러나 연민하는 귀를 누구나 가질 수는 없다. 시인의 말마따나 "누군가를 위로하고/ 연민하는 말을 찾기보다는/ 상처 내고 들쑤시는 말이 훨씬 쉬웠다". 타자를 상처 내고 들쑤시는 말에는 칼이 들어 있다. 화가 날 때마다 우리는 그 칼을 휘둘러 타자의 상처를 후벼판다. 그래야 타자보다 자기를 높일 수 있다고 생각하기 때문이다. 자기를 높이려는

이 지독한 마음/욕망을 먹고 이 골짝 저 바위틈에서 끊임없이 괴물이 태어난다. 광장에 모인 그들은 괴물의 언어로 자기만의 세계를 그리고 환호한다. 그들의 입술 근육에는 힘이 붙지만, 그 힘은 늘 자기와 다른 의견을 지닌 타자들을 죽이는 힘으로 작동한다.

시인은 "그 광장"에서 피어나는 수많은 말에 고스란히 노출되어 있다. 그 말을 들을 때마다 마음 깊은 자리에서 뜨거운 분노가 치밀어 오른다. 타자를 상처 내고 그 상처를 들쑤시는 괴물의 언어가 눈앞에서 펼쳐지고 있지 않는가. 괴물의 언어에 괴물의 언어로 대응하면 시인 또한 괴물이 될 수밖에 없다. 괴물이 되지 않으려면 어떻게 해야 할까? 스스로 묵언의 시간을 실천하면 된다. "홀로 서서 지평선을 보는/ 사슴"의 형상은 바로 여기서 뻗어 나온다. 묵언의 시간을 겹겹이 두른 저 소나무처럼 사슴 역시 광장에서 묵언을 지키고 있다.

묵언은 자기를 마음 깊이 들여다보는 행위라고 했다. 묵언하는 존재는 연민하는 귀로 사물의 소리를 듣는다. 연민하는 귀는 괴물의 언어와는 다른 길을 걷는다. 자기에 집착하는 괴물은 타자의 말을 자기식대로 해석한다. 연민하는 귀는 어떨까? 괴물의 언어가 난무하는 광장에서도 타자를 환대하는 말을 익숙하게 내뱉는다.

시집의 마지막 시인 「오래오래」에서 시인은 자신이 간절히 원하는 세계의 언어를 드러내고 있다. 그녀는 메일을 보낼 때마다 한결같은 마음으로 "오래오래 건강하시기를 빕니다"라는 메시지를 적는다. 으레 하는 인사말이 아니다. "언 강을 건너게 하는 그 말,"이라는 시구에 표현된 대로, 시인은 말 한마디로 언 강을 녹이는 어떤 세계를 상상한다.

타자가 건강해야 자기 또한 건강할 수 있다. 타자와 자기를 나누어 얘기했지만, 시인이 꿈꾸는 세계에서 자기와 타자는 이미 하나로 이어져 있다. 안현심은 아프지 않은 타자를 상상함으로써 자기 또한 아프지 않은 세계를 꿈꾼다. "아프지 말아야겠다"라는 다짐은 이리 보면 자기와 타자 모두를 향해 열려 있다.

오래오래 아프지 않고 오래오래 사는 삶만큼 즐거운 일이 어디에 있을까? 안현심은 시 언어로 그런 세계를 표현한다. 아프지 않은 삶의 언어로 죽음을 양산하는 괴물의 언어에 맞선다.